澧县城头山

新石器时代遗址发掘报告（下）

湖南省文物考古研究所

主　编　何介钧

文物出版社

北京·2007

Chengtoushan in Lixian

Excavation Report of a Neolithic Site

(III)

Hunan Provincial Institute of Archaeology and Cultural Relics

Editor-in-chief   He Jiejun

Cultural Relics Publishing House

Beijing · 2007

彩色图版目次

黑白图版目次

城头山古城址全景（鸟瞰）

2. 西城墙和护城河（由西向东）

城头山古城址城墙和护城河

1. 东城墙（由东向西）

1. 东城墙（由东向西）

1. 东城墙外护城河遗迹（由东北向西南）

2. 东城墙外农田（由东向西）

城头山古城址护城河和东城墙外农田

城头山古城址内的农田（由西向东）

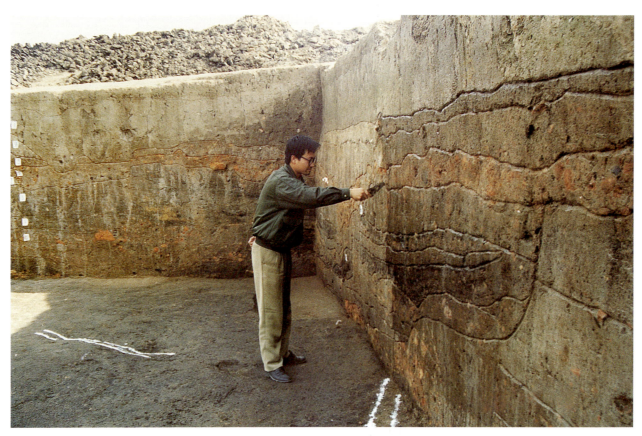

1. 1998 年在六区北壁和西壁刮地层（由东南向西北）

2. 1994 年清理墓区瓮棺葬（由南向北）

城头山古城址田野考古工作照

1. 祭台 1 工作照

2. G67 清理情况
（由西向东）

城头山古城址田野考古工作照

1. 第一发掘区

2. 第二发掘区

1994年大面积发掘一、二、三、四区鸟瞰

1. 第三发掘区

2. 第四发掘区

1994 年大面积发掘一、二、三、四区鸟瞰

城头山古城址西南城墙解剖南壁剖面（由北向南）

1. 二期南城墙底层夯窝
   （由南向北）

2. 二期南城墙所压 T6351 方内 8B、8A 层面栅栏柱洞
   （由东南向西北）

城墙筑造遗迹

1. 二期南城环壕底部
（由南向北）

2. 二期南城环壕护坡
（由西南向东北）

城墙筑造遗迹

1. 外坡护坡（由西向东）

2. 内坡护坡（由西向东）

城南二期环壕（塘1）护坡设施

1. 木凳

2. 环壕底部的大量木头（由南向北）

城南二期环壕淤泥内的木制品和木头

1. 木桨

2. 骨耜

城南二期环壕淤泥内的木、骨制品

1. 骨耒

2. 城南二期环壕外墙体内坡台阶（由北向南）

城南二期环壕淤泥内骨制品和环壕外墙体内坡台阶

1. 南城墙解剖 T6355～T6455 第 8 层出土薄胎彩陶片

2. YT01～YT04内徐家岗外坡（由东北向西南）

南城墙出土物和东南城墙外环壕解剖

1. 三期城墙东门豁口卵石路面（由东向西）

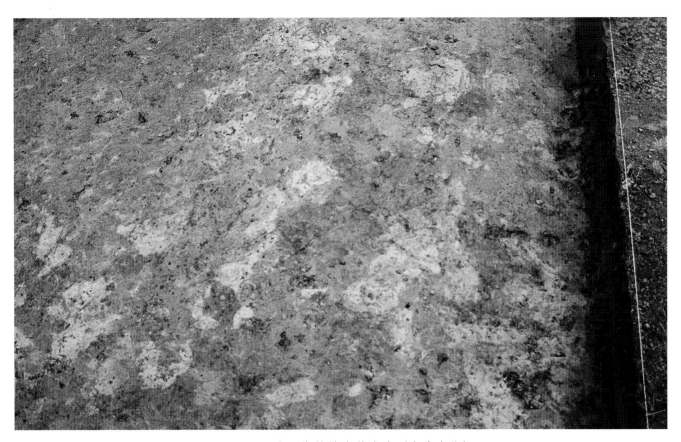

2. T1130 内三期城墙夯筑痕迹（由南向北）

东门豁口外卵石面、城墙筑造遗迹

1. 一、二期东城墙外坡护坡竹筋痕迹（由东向西）

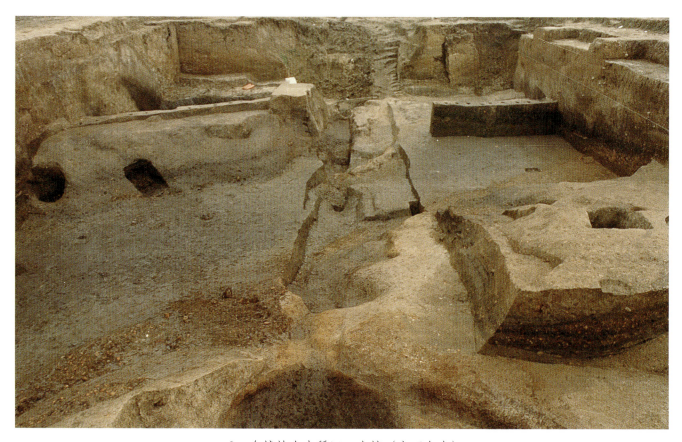

2. 东城墙内古稻田、水塘（由西向东）

城墙筑造遗迹、城址内古稻田

1. 二期东城墙顶栅栏柱洞（由西北向东南）

2. 东城墙内的稻田田埂（由西向东）

东城墙、城址内古稻田

1. 南城墙内 T6355㉑稻田
（由南向北）

2. F75（由东南向西北）

城址内古稻田、房址

1. F83（由东南向西北）

2. F104（由南向北）

3. F104 柱洞（由南向北）

房址

1. F23 、F57、F87（由北向南）

2. F23 、F57、F87（用白线勾划）

房址

1. H470（由西南向东北）

2. H463 （由东南向西北）

3. H551 （由东南向西北）

4. H531（由西南向东北）

灰坑

1. Y4（由北向南）

2. Y9（由西向东）

3. Y10（由南向北）

陶窑

1. 祭台1发掘情况（由西南向东北）

2. 祭台1顶部（由西北向东南）

1. 祭台1顶部浅平坑
（由西北向东南）

2. 祭台1顶部屈肢葬墓（由东南向西北）

祭台1

1. M774 （由南向北）

2. M766 （由西向东）

祭台 1 上的屈肢葬墓

1. M770 （由西南向东北）

2. M773 （由西北向东南）

祭台 1 上的屈肢葬墓

1. 祭台 1 周围的祭祀坑群
   （由北向南）

2. H373、H374（由北向南）

3. H314、H315、H313
   （由西向东）

祭台 1 所属祭祀坑

1. H314 （由西向东）

2. 祭台1上的红烧土（由西向东）

3. H315 （由西向东）

祭台 1 所属祭祀坑

1. H326（由南向北）

2. H359（由西南向东北）

祭台 1 所属祭祀坑

1. H347（由南向北）

2. H313（由西南向东北）

祭台 1 所属祭祀坑

1. H351（由北向南）

2. 祭台1上浅平坑D011（由西北向东南）

祭台1所属祭祀坑

1. 祭台 2（由东北向西南）

2. 祭台 3（由西南向东北）

祭台 2、祭台 3

1. M904 （由东北向西南）

2. M905 （由北向南）

汤家岗文化墓葬

1. M678（由西向东）

2. M678、M679
（由南向北）

大溪文化墓葬

1. M802 （由东向西）

2. M736、M738
（由西向东）

大溪文化墓葬

1. M871（由西向东）

2. M888（由西北向东南）

大溪文化墓葬

1. M894（由西南向东北）

2. M900（由东向西）

大溪文化墓葬

1. M836 （由北向南）

2. M425 （由北向南）

3. M305 （由南向北）

屈家岭文化墓葬

屈家岭文化瓮棺葬群（由北向南）

1. A 型 Ⅱ 式盘（M905：1）

2. Ⅰ型Ⅲ式釜（M760：2）

4. C 型Ⅲ式瓶（M871：4）

3. L 型Ⅳ式釜（M614：1）

5. A 型Ⅲ式豆（M670：1）

汤家岗文化陶盘和大溪文化陶釜、瓶、豆

1. C 型 I 式豆 (T1030⑧B：4)

2. D 型 II 式豆 (M679：4)

3. R 型 IV 式豆 (M892：1)

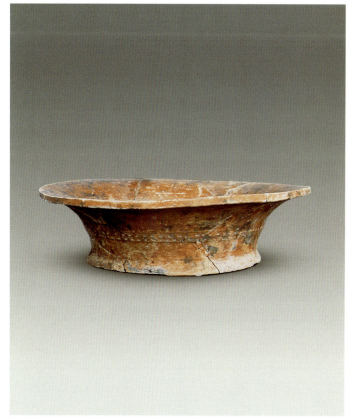

4. H 型 II 式盘 (M705：1)

大溪文化陶豆、盘

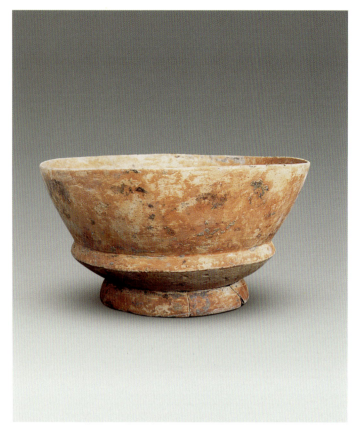

1. A 型 I 式（M694 : 2）

2. B 型 Ⅲ 式（M705 : 2）

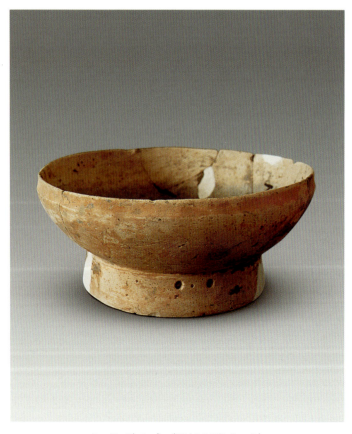

3. F 型 I 式（T4205⑬A : 2）

4. F 型 Ⅲ 式（M650 : 1）

大溪文化陶碗

1. M 型 I 式碗 (M827:3)

2. A 型 III 式盆 (H210:3)

3. C 型 1 式杯 (M680:5)

4. D 型杯 (M739:4)

大溪文化陶碗、盆、杯

1. A 型（T6454 ⑨：4）

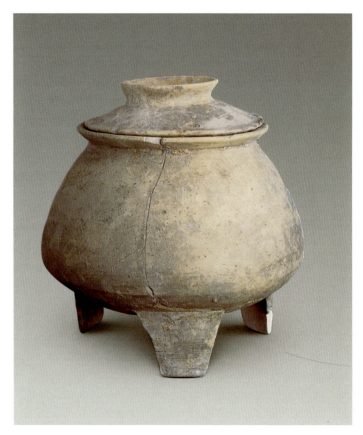

2. E 型Ⅵ式（M890：1）

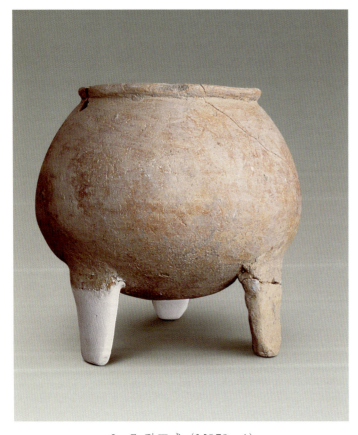

3. G 型Ⅲ式（M879：4）

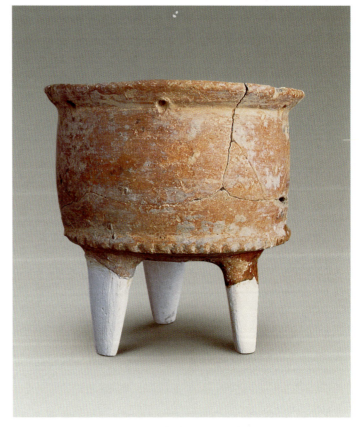

4. K 型（M833：2）

大溪文化陶鼎

1. F 型 II 式石锛 (M805:4)

2. A 型石钺 (M888:1)

3. B 型 I 式石钺 (M893:3)

4. B 型 II 式石钺 (M803:5)

5. B 型 III 式石钺 (M894:4)

大溪文化石锛、钺

1. A 型石环（M859：8、M859：7、M859：6）

2. 玉玦（T5054⑥：1）

3. 玉玦（T3076⑥：9、M680：9）、
绿松石坠（T3125④：3）

4. 玉璜（M678：1、M678：2）

1. A 型Ⅵ式鼎（M606∶5）

2. B 型Ⅰ式鼎（M497∶2）

3. J 型Ⅱ式豆（M448∶10）

4. Q 型Ⅰ式豆（M487∶7）

5. Q 型Ⅳ式豆（M632∶16）

屈家岭文化陶鼎、豆

1. R 型豆（M707∶1）

2. A 型 Ⅱ 式壶（M390∶3）

3. E 型 Ⅴ 式壶（M424∶5）

4. G 型 Ⅲ 式壶（M464∶3）

屈家岭文化陶豆、壶

1. B 型Ⅲ式（M588：2）

2. F 型Ⅱ式（M478：17）

屈家岭文化陶瓶

1. G 型 V 式碗（M319：1）

2. B 型 II 式盆（M463：1）

3. A 型盘（M602：1）

屈家岭文化陶碗、盆、盘

1. B 型陶球（T1059 ⑥ A：3）

2. B 型陶球（T7050 ③：1）

3. 陶塑动物（采：1）

4. A 型石凿（M443：2）

5. 石钺（M637：1）

6. 石钺（M420：4）

屈家岭文化陶球，陶塑动物，石凿、钺

1. A 型盆（T5160 ③ B：2）

2. A 型 I 式盘（T3011 ④ A：12）

3. A 型釜（M874：1）

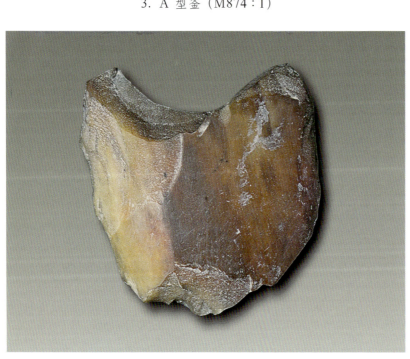

4. 石矛（T5362 ④ B：1）

5. 石刮削器（T1673 ④ C：1）

石家河文化陶盆、盘、釜，石刮削器

1. C 型 II 式釜 (M904：4)

2. C 型 II 式碗 (T3022⑧：6)

3. A 型 II 式盆 (T3272⑧：2)

5. A 型 I 式支座 (H585：2)

4. B 型 II 式钵 (T3073⑧：3)

汤家岗文化陶釜、碗、盆、钵、支座

1. A 型 I 式 (H348：1)

2. A 型 I 式 (H348：2)

3. A 型 II 式 (M644：1)

4. A 型 III 式 (M698：1)

大溪文化陶釜

1. B 型 IV 式（M38：2）

2. C 型 II 式（M73：3）

3. C 型 III 式（T6454 ⑨ ：8）

4. D 型 I 式（M63：2）

大溪文化陶釜

1. D 型Ⅲ式（M649：1）

2. D 型Ⅳ式（H695：2）

3. E 型 I 式（H503：1）

4. F 型 I 式（H341：17）

大溪文化陶釜

1. F 型 II 式（M755：1）

2. F 型 IV 式（M650：3）

3. G 型 III 式（T3125⑥：6）

4. G 型 IV 式（M888：2）

大溪文化陶釜

1. H 型 I 式（M41∶1）

2. H 型 II 式（M753∶1）

3. H 型 II 式（M701∶1）

4. H 型 IV 式（M694∶1）

大溪文化陶釜

1. H 型 Ⅳ 式（M701：2）

2. I 型 I 式（T1029 ⑩：7）

3. I 型 Ⅱ 式（M649：5）

4. J 型 I 式（M641：1）

大溪文化陶釜

1. J 型 II 式（M739：2）

2. J 型 III 式（M689：2）

3. J 型 IV 式（T6455⑫：3）

4. M 型（M669：3）

大溪文化陶釜

1. O 型 I 式（M36：1）

2. O 型 II 式（T6405⑬：3）

3. O 型 III 式（H460：2）

4. P 型（M70：1）

大溪文化陶釜

1. A 型 IV 式 (M50：2)

2. E 型 I 式 (M803：3)

3. E 型 II 式 (M821：9)

4. F 型 I 式 (H341：17)

1. F 型Ⅲ式（H370：1）

2. F 型Ⅳ式（M775：1）

3. F 型Ⅴ式（T3225⑨：9）

4. G 型Ⅰ式（H376：7）

大溪文化陶罐

1. I 型 III 式 (T7453 ⑤ : 5)

2. K 型 I 式 (M866 : 1)

3. K 型 II 式 (M447 : 2)

4. K 型 III 式 (M889 : 2)

大溪文化陶罐

1. K 型 IV 式 (M856：3)

2. K 型 IV 式 (T7404 ③：6)

3. K 型 VI 式 (M871：13)

4. K 型 VII 式 (M808：1)

1. K 型Ⅷ式（M444∶5）

2. K 型Ⅸ式（M850∶5）

3. L 型Ⅱ式（M860∶6）

4. L 型Ⅲ式（M472∶1）

大溪文化陶罐

1. L 型 V 式 （M871：4）

2. L 型 V 式 （M838：1）

3. L 型 VII 式 （M821：4）

4. L 型 VIII 式 （M872：5）

大溪文化陶罐

1. M 型 I 式（M873∶3）

2. M 型 III 式（M805∶1）

3. N 型（M577∶1）

4. O 型（H210∶5）

1. P 型 I 式（M816∶1）

2. Q 型（M807∶3）

3. R 型 IV 式（M824∶1）

4. R 型 IV 式（T7402④∶2）

大溪文化陶罐

1. S 型（T3072 ⑤：2）

2. T 型（M887：6）

3. U 型（M823：4）

4. V 型（M869：4）

大溪文化陶罐

1. 异型罐（M802：4）

2. A 型 I 式壶（M816：4）

3. A 型 I 式壶（M903：1）

4. A 型 II 式壶（M893：1）

1. A 型 II 式 (M802：1)

2. A 型 III 式 (M898：1)

3. A 型 IV 式 (M827：2)

4. B 型 I 式 (M822：4)

大溪文化陶壶

1. B 型 II 式 (M861：1)

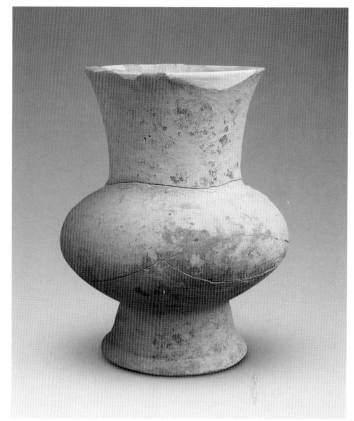

2. C 型 I 式 (M887：7)

3. C 型 II 式 (M577：2)

4. D 型 I 式 (T7403④：3)

1. D 型 II 式 (M457:1)

2. F 型 (M817:2)

3. H 型 I 式 (M445:8)

4. H 型 I 式 (M871:12)

大溪文化陶壶

1. H 型Ⅲ式（M869：5）

2. H 型Ⅳ式（M814：1）

3. Ⅰ型Ⅱ式（M468：3）

4. Ⅰ型Ⅳ式（M857：1）

大溪文化陶壶

1. J 型（M846：4）

2. K 型 I 式（M902：1）

3. K 型 II 式（M844：1）

4. L 型 I 式（M879：5）

大溪文化陶壶

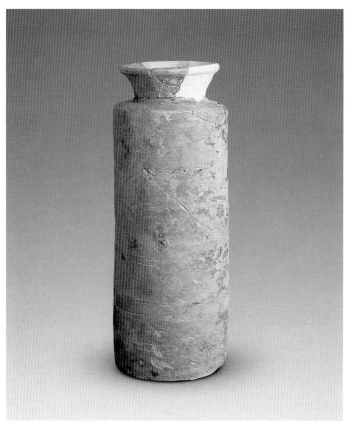

1. A 型 I 式（M866：4）

2. A 型 III 式（M823：1）

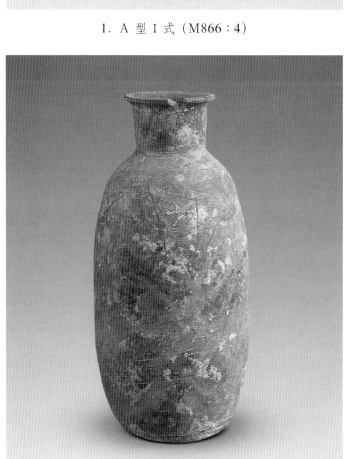

3. A 型 V 式（M819：2）

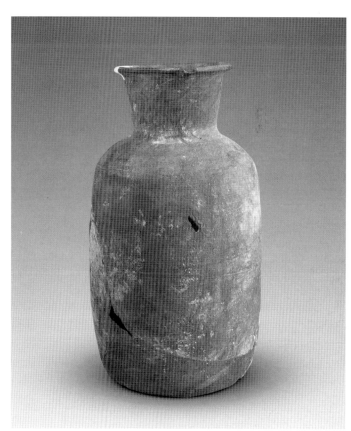

4. B 型 I 式（M869：3）

大溪文化陶瓶

1. B 型 II 式（M843：6）

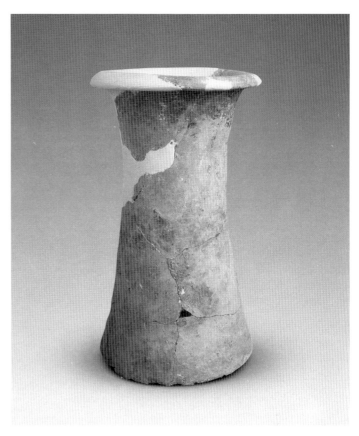

2. C 型 I 式（M903：3）

3. C 型 II 式（M896：1）

4. D 型 II 式（M871：10）

大溪文化陶瓶

1. D 型Ⅲ式（M872：1）

2. D 型Ⅴ式（M837：3）

3. D 型Ⅵ式（M846：2）

4. E 型Ⅰ式（M865：1）

1. E 型 II 式 (M862：1)

2. E 型 III 式 (M299：4)

3. E 型 IV 式 (T7453 ③：9)

4. F 型 II 式 (M499：1)

大溪文化陶瓶

1. F 型Ⅲ式瓶（M821∶3）

2. F 型Ⅲ式瓶（M846∶8）

3. A 型 I 式豆（M678∶14）

4. A 型 I 式豆（M678∶4）

大溪文化陶瓶、豆

1. A 型 Ⅱ 式（M678：13）

2. B 型（M669：7）

3. D 型 I 式（M680：2）

4. F 型 Ⅱ 式（H210：6）

大溪文化陶豆

1. F 型Ⅲ式（M664：1）

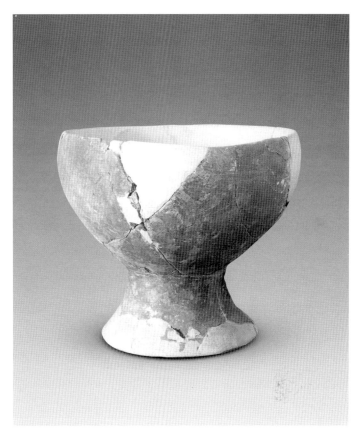

2. F 型Ⅳ式（T3080 ④ B：4）

3. F 型Ⅳ式（M892：2）

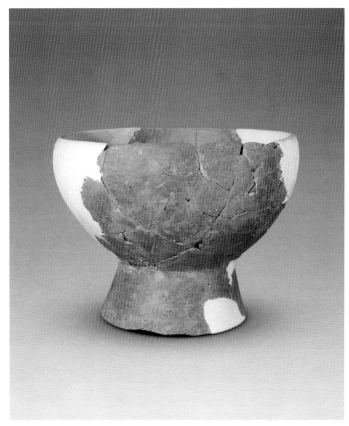

4. F 型Ⅳ式（M822：2）

1. G 型 II 式 (M889：1)

2. G 型 III 式 (M840：1)

3. G 型 V 式 (M846：3)

4. H 型 I 式 (M827：1)

大溪文化陶豆

1. H 型Ⅲ式（T7404④∶6）

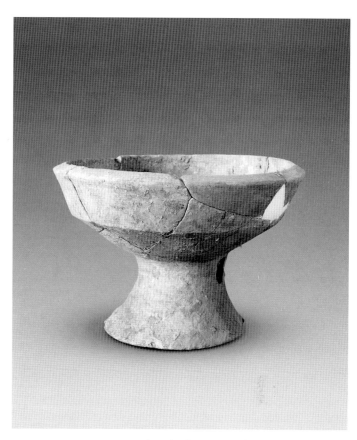

2. I 型 I 式（M820∶1）

3. J 型 I 式（M468∶2）

4. K 型（M447∶3）

大溪文化陶豆

1. L 型 I 式 (H300：4)

2. L 型 II 式 (M810：12)

3. L 型 II 式 (M884：3)

4. L 型 III 式 (M894：2)

大溪文化陶豆

1. L 型Ⅲ式（M900∶1）

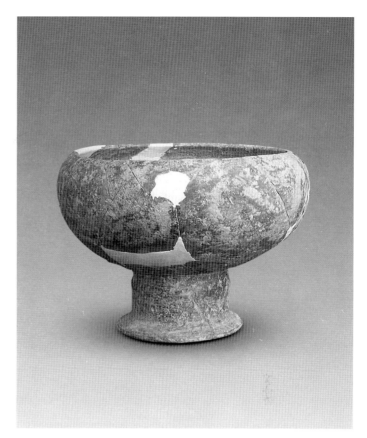

2. L 型Ⅲ式（M802∶5）

3. L 型Ⅳ式（M318∶8）

4. L 型Ⅴ式（T6401⑤∶7）

大溪文化陶豆

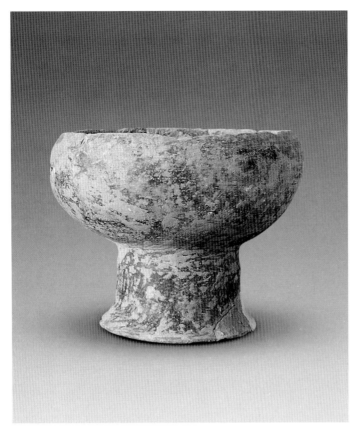

1. L 型 V 式 (M870：1)

2. L 型 V 式 (M810：5)

3. L 型 VI 式 (M828：5)

4. L 型 VI 式 (M852：1)

大溪文化陶豆

大溪文化陶豆

1. M 型（M903：2）

2. M 型（M803：4）

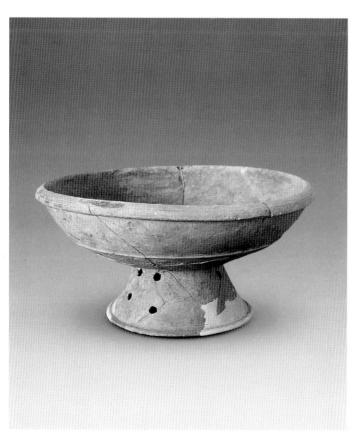

3. N 型（M299：2）

4. O 型 II 式（M807：1）

1. O 型Ⅳ式 (M887：5)

2. R 型Ⅱ式 (M900：4)

3. R 型Ⅱ式 (M894：3)

4. R 型Ⅱ式 (M902：3)

大溪文化陶豆

1. R 型 IV 式 （M899：2）

2. R 型 V 式 （M897：1）

3. R 型 V 式 （M888：4）

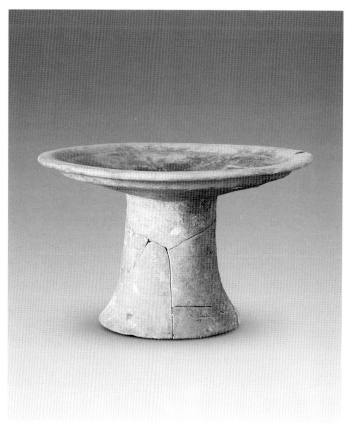

4. R 型 VI 式 （M878：4）

大溪文化陶豆

1. R 型 Ⅵ 式豆（M597：1）

2. S 型 Ⅱ 式豆（M891：2）

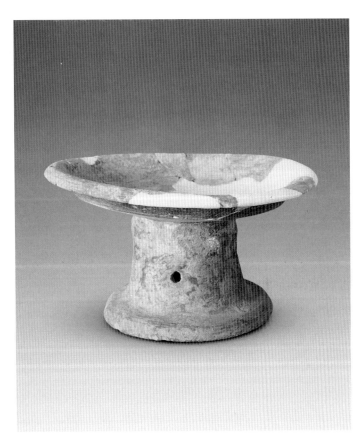

3. S 型 Ⅲ 式豆（T7404 ④：9）

4. A 型 Ⅰ 式盘（M739：12）

大溪文化陶豆、盘

1. A 型 II 式（M679:2）

2. A 型 II 式（M906:8）

3. A 型 III 式（M665:1）

4. A 型 IV 式（M705:3）

大溪文化陶盘

1. B 型 I 式 (T6402 ⑧：9)

2. B 型 II 式 (T6351 ④ A：7)

3. C 型 (M722：1)

4. D 型 I 式 (T3124 ⑥：3)

1. D 型 II 式（M678：15）

2. D 型 V 式（M822：1）

3. E 型 I 式（H517：1）

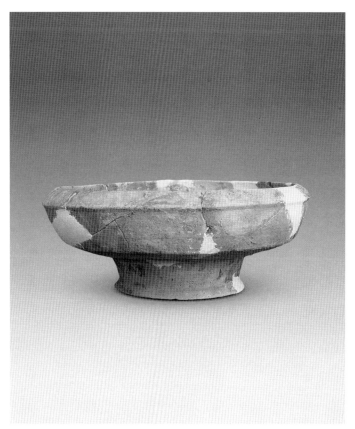

4. E 型 II 式（M678：25）

大溪文化陶盘

1. E 型 II 式 (M679 : 6)

2. E 型 III 式 (M678 : 19)

3. F 型 I 式 (T6454 ⑨ : 7)

大溪文化陶盘

1. F 型 II 式（M680：3）

2. F 型 III 式（M680：6）

3. F 型 IV 式（M46：1）

大溪文化陶盘

1. G 型 I 式 (M650：2)

2. H 型 I 式 (M680：7)

3. J 型 II 式 (H30：1)

大溪文化陶盘

1. J 型Ⅲ式 (H21:2)

2. K 型 I 式 (T1128⑧:9)

3. L 型 I 式 (H466:7)

大溪文化陶盘

1. L 型Ⅲ式（T3026 ④：2）

2. M 型 I 式（T3129 ⑩：8）

3. N 型Ⅱ式（H210：9）

大溪文化陶盘

1. O 型（M842：3）

2. Q 型 I 式（M760：1）

3. Q 型 I 式（T3129⑩：5）

大溪文化陶盘

1. Q 型 II 式（H322：5）

2. Q 型 II 式（M649：2）

3. Q 型 III 式（T7403 ⑥：4）

大溪文化陶盘

1. A 型 II 式 （M818：5）

2. A 型 III 式 （M808：3）

3. A 型 IV 式 （M867：2）

大溪文化陶簋

1. A 型 IV 式（M880：2）

2. B 型 I 式（M869：10）

3. B 型 II 式（M884：4）

大溪文化陶簋

1. B 型Ⅲ式（M445∶6）

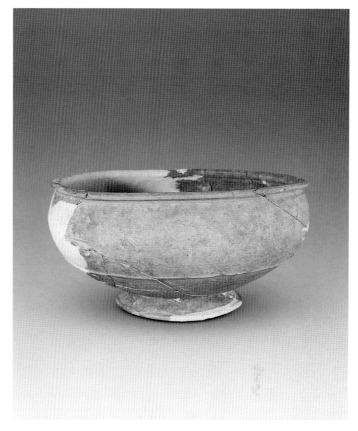

2. B 型Ⅳ式（M157∶3）

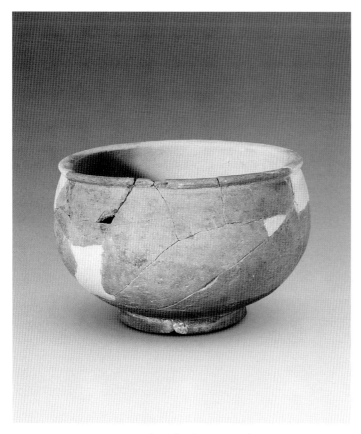

3. C 型Ⅰ式（M822∶3）

4. C 型Ⅱ式（M881∶4）

1. C 型Ⅲ式（M619∶4）

2. D 型 I 式（M829∶1）

3. D 型Ⅱ式（M807∶4）

4. E 型（M318∶5）

1. F 型 I 式（M877：1）

2. F 型 II 式（M896：2）

3. G 型 I 式（M819：1）

4. G 型 II 式（M823：3）

大溪文化陶簋

1. H 型 II 式 （M837：2）

2. H 型 II 式 （M855：5）

3. I 型 I 式 （T7404④：2）

4. I 型 III 式 （M860：4）

1. I 型 IV 式 (M871：15)

2. J 型 II 式 (M837：4)

3. K 型 I 式 (M883：1)

4. K 型 II 式 (M871：8)

1. L 型 I 式簋（M895：7）

2. L 型 II 式簋（M299：6）

3. L 型 III 式簋（M876：2）

4. A 型 II 式碗（M650：4）

大溪文化陶簋、碗

1. A 型Ⅲ式（H564：7）

2. B 型Ⅱ式（T3177⑧：2）

3. B 型Ⅲ式（M750：1）

4. B 型Ⅳ式（H420：1）

大溪文化陶碗

1. B 型 V 式 (T7403 ⑥ : 1)

2. C 型 (T3128 ⑦ : 7)

3. D 型 I 式 (M65 : 2)

4. D 型 II 式 (T6454 ⑨ : 2)

大溪文化陶碗

1. D 型 II 式 （M678：18）

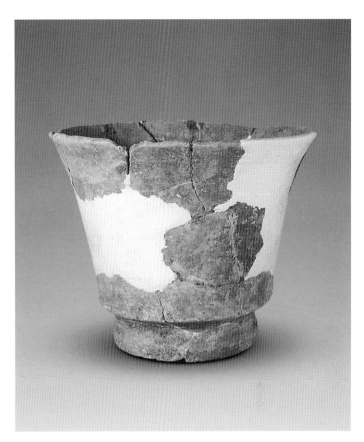

2. D 型 III 式 （T7801 ⑥ C：1）

3. E 型 II 式 （M692：1）

4. E 型 III 式 （M693：2）

大溪文化陶碗

1. E 型 IV 式 (M739：5)

2. E 型 V 式 (H287：9)

3. F 型 I 式 (T1031⑬：9)

大溪文化陶碗

1. F 型 II 式 (M649 : 4)

2. F 型 IV 式 (T7452 ⑥ : 7)

3. G 型 I 式 (M754 : 3)

大溪文化陶碗

1. G 型 II 式（M759：1）

2. G 型 III 式（H575：3）

3. H 型 I 式（M692：2）

大溪文化陶碗

1. H 型 II 式 (T6404⑭ : 5)

2. I 型 II 式 (M694 : 3)

3. J 型 I 式 (M73 : 2)

大溪文化陶碗

1. J 型 II 式（T6355㉒：4）

2. J 型 III 式（T1029⑧B：7）

3. J 型 III 式（H508：5）

大溪文化陶碗

1. J 型 IV 式（T3028 ⑫ A：3）

2. K 型 I 式（H421：1）

3. L 型 I 式（M889：3）

大溪文化陶碗

1. L 型 II 式（M856：1）

2. N 型（H557：3）

3. O 型 II 式（H210：4）

大溪文化陶碗

1. P 型 I 式 (M816 : 8)

2. P 型 II 式 (M846 : 6)

3. P 型 III 式 (M831 : 1)

大溪文化陶碗

1. P 型 IV 式（M623：8）

2. Q 型 I 式（H470：5）

3. Q 型 II 式（M869：8）

大溪文化陶碗

1. Q 型 II 式（M808∶5）

2. Q 型 II 式（M885∶1）

3. Q 型 III 式（M472∶3）

大溪文化陶碗

1. Q 型 IV 式（M868：1）

2. Q 型 IV 式（M838：2）

3. Q 型 IV 式（M871：6）

4. Q 型 IV 式（M860：3）

1. Q 型 V 式（M823：9）

2. Q 型 V 式（M826：1）

3. Q 型 VI 式（M821：8）

4. Q 型 VII 式（M846：5）

大溪文化陶碗

1. R 型碗（M678：21）

2. S 型碗（T3131⑫B：4）

3. T 型碗（T6454⑨：1）

4. B 型 I 式盆（T3019⑤：3）

大溪文化陶碗、盆

1. B 型 II 式盆（M708：1）

2. B 型 III 式盆（M888：8）

3. C 型 I 式盆（H44：2）

4. A 型碟（T3073 ⑦：1）

大溪文化陶盆、碟

1. B 型碟（T7453 ⑤：2）

2. A 型 I 式钵（H315：13）

3. A 型 I 式钵（T3225 ⑪：4）

4. A 型 II 式钵（H315：11）

大溪文化陶碟、钵

1. B型I式（M54：1）

2. B型Ⅲ式（M22：2）

3. C型I式（M38：1）

4. D型I式（M735：1）

大溪文化陶钵

1. D 型 II 式 （H349：1）

2. D 型 V 式 （M823：6）

3. E 型 I 式 （T3174 ⑦：1）

大溪文化陶钵

1. E 型 II 式（H581∶2）

2. E 型 III 式（M739∶10）

3. E 型 IV 式（H210∶8）

大溪文化陶钵

1. E 型 V 式（T1623 ⑥：1）

2. E 型 VI 式（H456：5）

3. F 型 II 式（H509：1）

大溪文化陶钵

1. F 型 Ⅱ 式（H376∶4）

2. G 型（M641∶1）

3. H 型（T3124⑦∶9）

大溪文化陶钵

1. A 型擂钵 (H391∶1)

2. A 型曲腹杯 (M894∶7)

3. B 型 I 式曲腹杯 (M888∶12)

4. B 型 II 式曲腹杯 (M822∶7)

大溪文化陶擂钵、曲腹杯

1. B 型Ⅲ式曲腹杯（M803：1）

2. B 型Ⅳ式曲腹杯（M817：5）

3. B 型Ⅴ式曲腹杯（M427：1）

4. B 型Ⅵ式曲腹杯（M318：3）

大溪文化陶曲腹杯

1. B 型Ⅶ式曲腹杯（M389：1）

2. C 型Ⅰ式曲腹杯（M869：7）

3. C 型Ⅱ式曲腹杯（M318：6）

4. C 型Ⅲ式曲腹杯（M843：5）

大溪文化陶曲腹杯

1. D 型 I 式曲腹杯（M809：6）

2. D 型 II 式曲腹杯（M855：1）

3. E 型曲腹杯（M850：1）

4. E 型曲腹杯（M850：7）

大溪文化陶曲腹杯

1. F 型曲腹杯（M472：4）

2. A 型杯（M680：10）

3. B 型杯（M679：1）

4. C 型 II 式杯（M679：3）

大溪文化陶曲腹杯、杯

1. C 型Ⅲ式（T4401④：5）

2. E 型Ⅰ式（M897：2）

3. E 型Ⅰ式（M616：1）

4. E 型Ⅱ式（M877：3）

大溪文化陶杯

1. E 型 II 式杯（M814：4）

2. G 型杯（M739：6）

3. H 型杯（M299：3）

4. B 型 II 式鼎（H470：10）

大溪文化陶杯、鼎

1. B 型Ⅲ式（T3023 ⑤：7）

2. B 型Ⅳ式（T6405 ⑧：1）

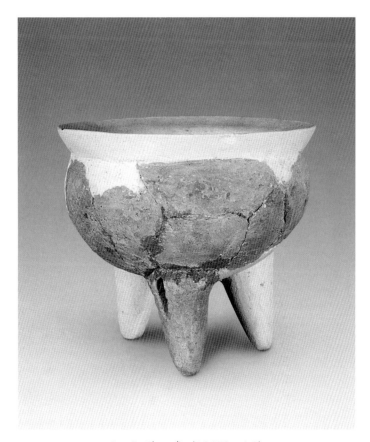

3. C 型Ⅰ式（M678：16）

4. C 型Ⅱ式（M742：1）

大溪文化陶鼎

1. D 型 I 式（M649：6）

2. D 型 III 式（M844：2）

3. D 型 IV 式（M900：2）

4. D 型 V 式（M894：1）

大溪文化陶鼎

1. E 型 I 式 (M881：1)

2. E 型 II 式 (M849：6)

3. E 型 III 式 (M866：8)

4. E 型 IV 式 (M388：5)

大溪文化陶鼎

1. E 型 V 式（M867：3）

2. F 型 V 式（M886：8）

3. E 型 V 式（M619：5）

4. E 型 Ⅶ式（M877：2）

大溪文化陶鼎

1. F 型 I 式（T7454④：5）

2. F 型 II 式（M850：6）

3. F 型 III 式（M850：2）

4. F 型 IV 式（M833：1）

大溪文化陶鼎

1. G 型 I 式 (M802：7)

2. G 型 II 式 (M806：5)

3. G 型 II 式 (M858：3)

4. H 型 (M869：1)

大溪文化陶鼎

1. I 型鼎 (M810 : 8)

2. J 型鼎 (M878 : 2)

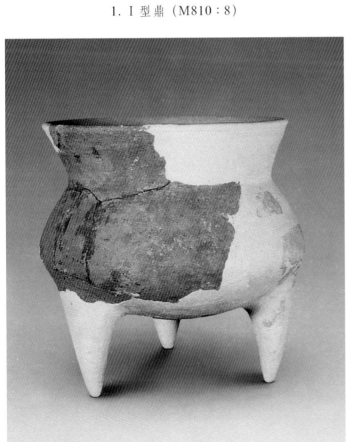

3. L 型鼎 (M457 : 3)

4. A 型 I 式甑 (H557 : 1)

大溪文化陶鼎、甑

1. C 型 I 式（M809：4）

2. C 型 II 式（M895：4）

3. C 型 III 式（M880：1）

大溪文化陶瓿

1. C 型 IV 式甑 (M866:7)

2. D 型甑 (M886:5)

3. E 型甑 (M821:6)

4. B 型 II 式锅 (H616:3)

大溪文化陶甑、锅

1. A 型 I 式瓮（T3080⑫C：1）

2. A 型Ⅲ式瓮（M47：1）

3. B 型Ⅲ式缸（H470：7）

4. E 型缸（M508：2）

大溪文化陶瓮、缸

1. A 型 I 式（T6404⑲：5）

2. A 型 IV 式（Y10：2）

大溪文化陶缸

1. C 型 Ⅲ 式器座（H277：4）

2. E 型 Ⅱ 式器座（T7402④：2）

3. A 型 Ⅱ 式器盖（T6404⑯：8）

大溪文化陶器座、器盖

1. A 型Ⅲ式（T3028④：3）

2. A 型Ⅳ式（H410：3）

3. A 型Ⅴ式（M722：2）

大溪文化陶器盖

1. A 型Ⅵ式（M894：8）

2. A 型Ⅵ式（M817：3）

3. A 型Ⅶ式（M823：2）

大溪文化陶器盖

1. B 型 I 式（M70：2）

2. B 型 II 式（T3129⑫B：4）

3. C 型 I 式（T3129⑫A：5）

4. C 型 II 式（M689：4）

大溪文化陶器盖

1. C 型Ⅲ式（T3126⑤：5）

2. C 型Ⅲ式（M693：3）

3. C 型Ⅴ式（M900：5）

大溪文化陶器盖

1. C 型 Ⅵ 式 （M886：7）

2. D 型 Ⅰ 式 （T3131⑫C：6）

3. D 型 Ⅱ 式 （H338：2）

4. D 型 Ⅲ 式 （T7404④：5）

大溪文化陶器盖

1. D 型 Ⅳ 式 （M816：6）

2. D 型 Ⅴ 式 （M827：4）

3. E 型 Ⅰ 式 （M665：4）

4. E 型 Ⅰ 式 （H470：4）

大溪文化陶器盖

1. F 型 I 式 (M678:29)

2. F 型 I 式 (M678:22)

3. F 型 II 式 (M906:6)

4. F 型 II 式 (M906:3)

大溪文化陶器盖

1. F 型Ⅲ式（M906：5）

2. F 型Ⅳ式（T6404⑩：7）

3. F 型Ⅴ式（T3223⑤A：5）

4. G 型 I 式（M678：24）

大溪文化陶器盖

1. G 型 II 式（M678：26）

2. G 型 IV 式（M680：8）

3. G 型 V 式（H33：2）

大溪文化陶器盖

1. G 型 Ⅵ 式（M794：1）

2. H 型 Ⅰ 式（M679：5）

3. H 型 Ⅱ 式（M906：7）

大溪文化陶器盖

1. J 型 I 式（H424∶3）

2. J 型 II 式（M620∶5）

3. J 型 III 式（M619∶1）

4. J 型 IV 式（M843∶4）

大溪文化陶器盖

1. K 型 I 式（T3129⑫B：7）

2. K 型Ⅲ式（T3019⑤：8）

3. L 型 I 式（M895：8）

大溪文化陶器盖

1. L 型 II 式（M900：6）

2. L 型 III 式（M896：4）

3. L 型 III 式（M902：2）

大溪文化陶器盖

1. M 型 II 式 (M822：5)

2. N 型 (T6355 ⑧：1)

3. O 型 (M669：9)

大溪文化陶器盖

1. B 型Ⅳ式（M830：5）、
   B 型Ⅵ式（M871：11）

2. C 型Ⅰ式（T1178 ⑧：10）、
   F 型Ⅲ式（M821：1）

3. D 型Ⅰ式（M739：1）

大溪文化陶纺轮

1. A 型 I 式 (T3073 ⑦ : 10)

2. A 型 IV 式 (T1028 ⑥ : 13)

4. B 型 II 式 (T1080 ⑧ B : 5)

3. A 型 V 式 (M888 : 7)

5. E 型 I 式 (H348 : 5)

大溪文化石斧

1. F 型 I 式 (M869:2)

2. F 型 II 式 (M885:4)、F 型 III 式 (M805:3)

3. G 型 I 式 (M811:2)

4. G 型 II 式 (M802:2)、H 型 (M828:2)

5. H 型 (M457:2)

大溪文化石锛

1. A 型 IV 式凿 (T1079 ⑥ : 5)

2. D 型 II 式凿 (M888 : 9)、D 型 III 式凿 (M837 : 5)

3. D 型 III 式凿 (M852 : 3)

4. 盘状器 (F104 : 5)

大溪文化石凿、盘状器

1. A 型网坠（H462∶9）、B 型网坠（T4501⑤∶7）

2. C 型网坠（M869∶6）

3. A 型 I 式饼（T1178⑧∶15、T1079⑦∶11）

4. A 型环（M859∶8）

大溪文化石网坠、饼、环

1. D 型石环（M851：1）

2. F 型石环（T6351 ⑤：3）

3. 石哨（T4401 ⑱：1）

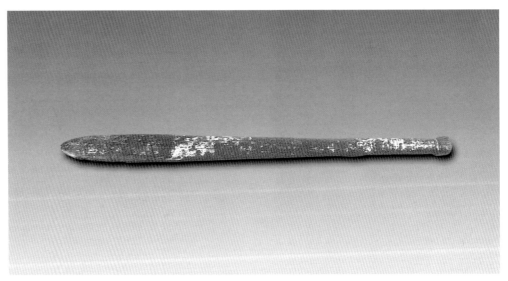

4. 木桨（T6451 ⑰：15）

大溪文化石环、哨，木桨

1. 木锤（T6451⑱：20）

2. 木楔（T6451⑱：21）

3. 木瓦形器（T6451⑱：22）

4. 骨铲（T6401⑱：26）

大溪文化木锤、楔、瓦形器，骨铲

1. 铲（T6355⑳：11）

2. 铲（南门堰塘坍土）

3. 耜（T6451⑰：18）

4. 锥（南门堰塘）

大溪文化骨铲、耜、锥

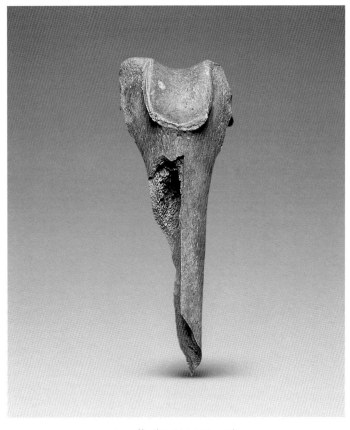

1. 锥（T4401⑫：9）

2. 锥（97年南门坍土）

3. 耒（T4351⑬：12）

4. 麻布（T6401⑰：38）

大溪文化骨锥、耒，麻布

1. A 型Ⅲ式（M394：2）

2. A 型Ⅳ式（M554：3）

3. A 型Ⅴ式（M482：1）

4. A 型Ⅵ式（M535：3）

屈家岭文化陶鼎

1. A 型 VII 式（M475：20）

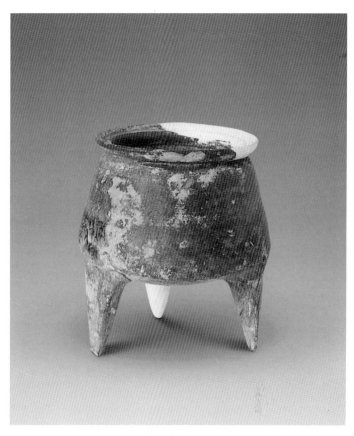

2. A 型 VII 式（M467：7）

3. A 型 VIII 式（M474：9）

4. A 型 X 式（M477：3）

屈家岭文化陶鼎

1. A 型 X 式 （M484：20）

2. B 型 I 式 （M863：5）

3. B 型 II 式 （M160：5）

4. B 型 III 式 （M390：1）

屈家岭文化陶鼎

1. B 型 IV 式 （M496：2）

2. B 型 V 式 （M460：2）

3. B 型 VI 式 （M478：6）

4. B 型 VII 式 （M495：3）

屈家岭文化陶鼎

1. C 型 I 式 （M863：2）

2. C 型 II 式 （M456：2）

3. D 型 （M545：7）

4. D 型 （M635：1）

屈家岭文化陶鼎

1. E 型 (M454：3)

2. E 型 (M480：18)

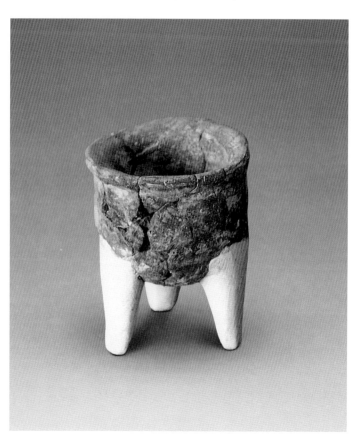

3. F 型 (M424：3)

4. G 型 I 式 (M491：2)

屈家岭文化陶鼎

1. A 型 I 式（M847∶6）

2. A 型 I 式（M397∶1）

3. A 型 I 式（M390∶7）

屈家岭文化陶豆

1. A 型 II 式（M395：1）

2. A 型 IV 式（M521：1）

3. A 型 VI 式（M477：14）

4. A 型 VI 式（M425：64）

屈家岭文化陶豆

1. B 型 I 式 (M600：22)

2. B 型 Ⅲ 式 (M542：15)

3. C 型 (M542：19)

4. D 型 I 式 (M456：5)

屈家岭文化陶豆

1. D 型Ⅲ式（M461：5）

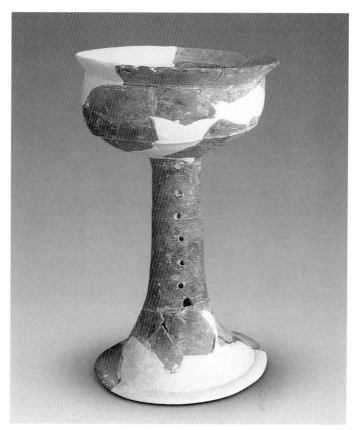

2. D 型Ⅲ式（M471：2）

3. E 型 I 式（M473：22）

4. E 型 II 式（M425：11）

屈家岭文化陶豆

1. F 型 I 式（M583：4）

2. F 型 I 式（M584：3）

3. F 型 II 式（M474：2）

4. G 型 II 式（M162：1）

屈家岭文化陶豆

1. G 型Ⅲ式（M622∶8）

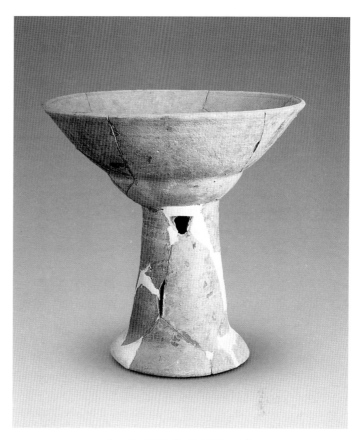

2. G 型Ⅳ式（M368∶1）

3. H 型Ⅰ式（M609∶5）

4. H 型Ⅲ式（M542∶13）

屈家岭文化陶豆

1. Ⅰ型Ⅰ式（M302：3）

2. Ⅰ型Ⅱ式（M343：8）

3. Ⅰ型Ⅲ式（M342：2）

4. J型Ⅰ式（M161：4）

屈家岭文化陶豆

1. J 型 I 式（M424：2）

2. J 型 II 式（M475：11）

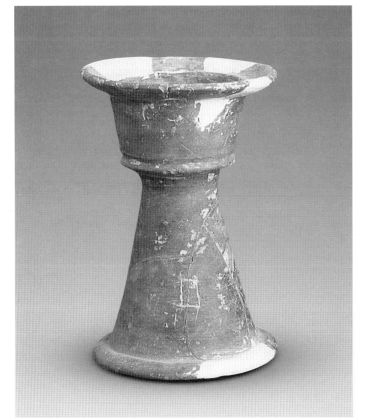

3. L 型 I 式（M541：3）

4. K 型 II 式（M609：3）

屈家岭文化陶豆

1. K 型 II 式（M287∶3）

2. K 型 II 式（M289∶3）

3. L 型 I 式（M593∶5）

4. L 型 III 式（M578∶21）

屈家岭文化陶豆

1. K 型 II 式（M464：4）

2. L 型 IV 式（M541：14）

3. M 型 I 式（M485：8）

1. M 型 II 式（M545：9）

1. N 型 I 式 (M595：4)

2. N 型 II 式 (M425：86)

3. O 型 II 式 (M404：2)

4. O 型 II 式 (M475：2)

屈家岭文化陶豆

1. P 型 I 式 (M485：15)

2. P 型 III 式 (M632：6)

3. Q 型 I 式 (M478：9)

4. Q 型 II 式 (M600：15)

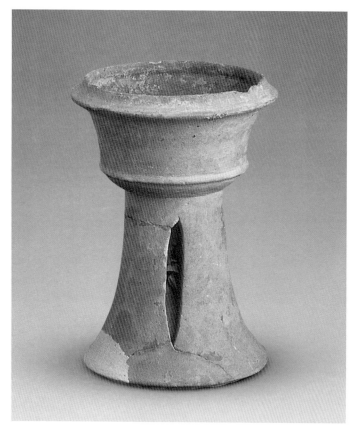

1. Q型Ⅳ式豆 (M424:6)

2. S型豆 (H480:1)

3. S型豆 (M591:21)

4. A型Ⅳ式罐 (M584:7)

屈家岭文化陶豆、罐

1. A 型 V 式（M630：4）

2. A 型 VI 式（M474：21）

3. B 型 I 式（M292：3）

4. C 型 II 式（M425：24）

屈家岭文化陶罐

1. C 型Ⅵ式（M367：1）

2. C 型Ⅵ式（M335：5）

3. C 型Ⅵ式（M542：21）

4. C 型Ⅶ式（M474：5）

屈家岭文化陶罐

1. D 型 I 式 (M507：6)

2. D 型 II 式 (M453：7)

3. E 型 I 式 (M456：1)

4. E 型 II 式 (M517：2)

屈家岭文化陶罐

1. E 型 II 式 (M392：1)

2. E 型 III 式 (M606：2)

3. F 型 I 式 (F23-1：3)

4. F 型 IV 式 (M452：4)

屈家岭文化陶罐

1. F 型Ⅷ式（M522：3）

2. F 型Ⅷ式（M522：2）

3. F 型Ⅺ式（M453：1）

4. F 型ⅩⅢ式（M341：3）

屈家岭文化陶罐

1. F 型 XIV 式（M342：6）

2. H 型 I 式（M124：1）

3. H 型 III 式（M150：1）

4. I 型 I 式（M362：2）

屈家岭文化陶罐

1. Ⅰ型Ⅳ式（M632：22）

2. K型（M425：52）

3. L型（M305：1）

屈家岭文化陶罐

1. M 型罐（M236：1）

2. N 型罐（M613：3）

3. A 型 I 式壶（M863：4）

4. B 型 I 式壶（M606：6）

屈家岭文化陶罐、壶

1. B 型Ⅲ式 (M632：10)

2. C 型 I 式 (M813：10)

3. C 型 I 式 (M637：4)

4. C 型Ⅱ式 (M450：1)

屈家岭文化陶壶

1. C 型Ⅲ式 (M589：4)

2. C 型Ⅲ式 (M595：12)

3. C 型Ⅳ式 (M452：8)

4. C 型Ⅳ式 (M600：19)

屈家岭文化陶壶

1. C 型 V 式（M574：3）

2. D 型 I 式（M600：14）

3. D 型 II 式（M583：5）

4. D 型 III 式（M404：4）

屈家岭文化陶壶

1. D 型Ⅳ式（M485：9）

2. E 型Ⅳ式（M632：24）

3. E 型Ⅳ式（M578：10）

4. E 型Ⅳ式（M453：6）

屈家岭文化陶壶

1. F 型 I 式（M287：1）

2. F 型 II 式（M609：1）

3. G 型 I 式（M432：2）

4. G 型 II 式（M365：1）

屈家岭文化陶壶

1. G 型 III 式（M148：3）

2. G 型 IV 式（M454：9）

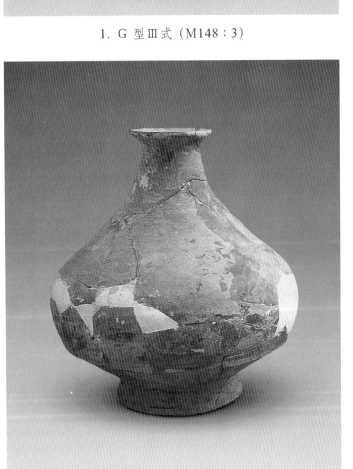

3. H 型（M463：3）

4. H 型（M847：4）

屈家岭文化陶壶

1. I 型 I 式 (M574：5)

2. I 型 II 式 (M336：34)

3. I 型 III 式 (M144：8)

4. J 型 I 式 (M464：5)

屈家岭文化陶壶

1. J 型 II 式 (M383∶1)

2. K 型 II 式 (M622∶4)

3. K 型 II 式 (M541∶5)

4. L 型 (M449∶1)

屈家岭文化陶壶

1. L 型壶 (M511：3)

2. A 型 I 式瓶 (M813：2)

3. A 型 II 式瓶 (M489：3)

4. A 型 III 式瓶 (M583：13)

屈家岭文化陶壶、瓶

1. A 型Ⅳ式 (M545：9)

2. B 型Ⅱ式 (M463：4)

3. C 型Ⅰ式 (M462：5)

4. C 型Ⅱ式 (M554：2)

屈家岭文化陶瓶

1. C 型Ⅲ式（M393：1）

2. D 型 I 式（M489：2）

屈家岭文化陶瓶

1. D 型 II 式（M576：1）

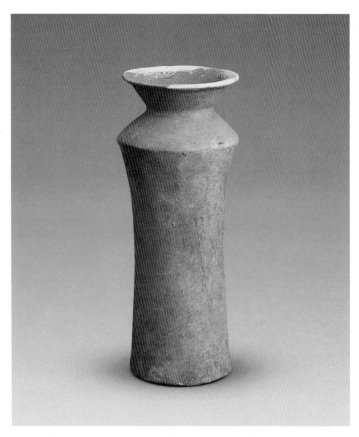

2. D 型 III 式（M442：1）

3. E 型（M471：8）

4. G 型（M356：11）

屈家岭文化陶瓶

1. A 型 I 式 (M395∶9)

2. A 型 III 式 (M402∶7)

3. A 型 IV 式 (M836∶3)

4. B 型 II 式 (M554∶1)

1. B 型Ⅲ式 (M812：6)

2. B 型Ⅲ式 (M402：1)

3. B 型Ⅳ式 (M392：2)

4. B 型Ⅴ式 (M574：4)

屈家岭文化陶簋

1. B 型 V 式（M442∶2）

2. C 型 I 式（M637∶3）

3. C 型 II 式（M594∶1）

4. D 型 I 式（M487∶6）

屈家岭文化陶簋

1. D 型 II 式（M511：2）

2. E 型（M587：4）

3. H 型（M339：2）

4. J 型（F23-1：4）

屈家岭文化陶簋

1. A 型Ⅲ式（M578：22）

2. A 型Ⅳ式（M475：6）

3. B 型Ⅰ式（M582：5）

4. B 型Ⅳ式（M586：2）

屈家岭文化陶碗

1. C 型 I 式 (M158:5)

2. D 型 I 式 (M488:1)

3. D 型 II 式 (M475:12)

4. D 型 II 式 (M120:1)

屈家岭文化陶碗

1. D 型 IV 式（M561∶2）

2. E 型 I 式（M395∶3）

3. E 型 III 式（M449∶3）

4. F 型 I 式（M395∶10）

屈家岭文化陶碗

1. F 型 II 式（M465：7）

2. F 型 II 式（M536：4）

3. F 型 III 式（M236：2）

4. F 型 V 式（M578：1）

1. G 型 I 式 (M154：1)

2. G 型 II 式 (M151：1)

3. G 型 III 式 (M591：13)

4. G 型 IV 式 (M258：2)

屈家岭文化陶碗

1. G 型Ⅵ式（M141：1）

2. H 型Ⅰ式（M863：6）

3. H 型Ⅱ式（M525：1）

4. Ⅰ型（M305：1）

屈家岭文化陶碗

1. A 型Ⅲ式（M246∶1）

2. A 型Ⅳ式（M587∶6）

3. A 型Ⅳ式（M152∶2）

屈家岭文化陶盆

1. A 型 V 式（M578：28）

2. A 型 Ⅶ式（M417：1）

3. A 型 Ⅶ式（M364：2）

屈家岭文化陶盆

1. A 型 VII 式（M586：3）

2. B 型 I 式（M496：1）

3. B 型 IV 式（M635：4）

4. C 型（M443：3）

屈家岭文化陶盆

1. A 型 I 式（M367：3）

2. A 型 III 式（M371：1）

3. B 型 I 式（M285：2）

屈家岭文化陶钵

1. C 型 I 式 （M253：5）

2. C 型 II 式 （M524：2）

3. C 型 III 式 （M129：1）

屈家岭文化陶钵

1. E 型钵（M301：7）

2. F 型钵（M609：6）

3. B 型盘（M579：3）

屈家岭文化陶钵、盘

1. D 型 I 式（M578∶8）

2. D 型 II 式（M531∶2）

3. F 型（M383∶6）

屈家岭文化陶盘

1. A 型（M271：4）

2. B 型 II 式（M482：5）

3. B 型 III 式（M511：4）

屈家岭文化陶曲腹杯

1. A 型 I 式 (M480:24)

2. A 型 I 式 (M161:17)

3. A 型 II 式 (M144:1)

4. A 型 II 式 (M453:5)

屈家岭文化陶杯

1. A 型 II 式 (M578：1)

2. A 型 III 式 (M545：4)

3. A 型 III 式 (M542：8)

4. B 型 (M420：6)

屈家岭文化陶杯

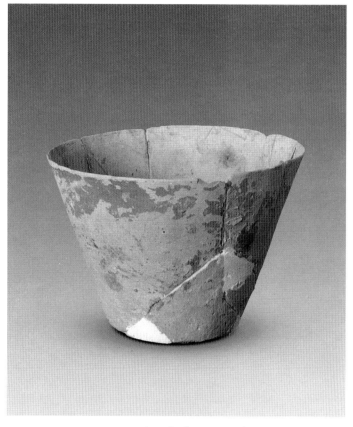

1. C 型 I 式（M582：3）

2. C 型 II 式（M630：1）

3. C 型 IV 式（M338：2）

4. D 型（M335：8）

屈家岭文化陶杯

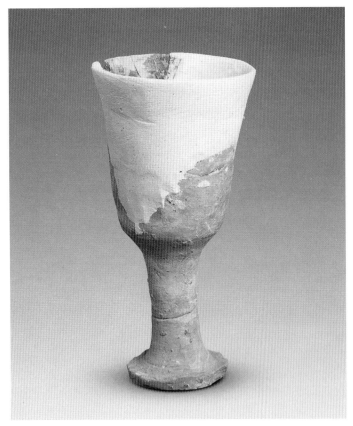

1. E 型（M365：2）

2. F 型（M336：14）

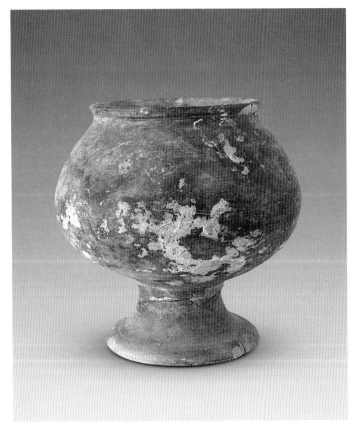

3. G 型（M335：1）

4. G 型（M335：19）

屈家岭文化陶杯

1. H 型（M585：2）

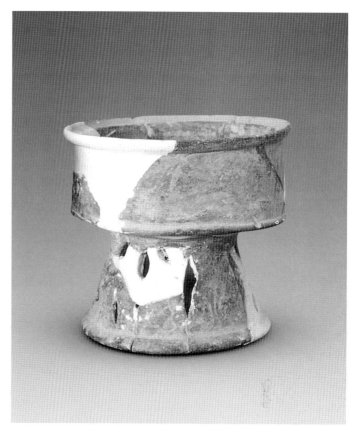

2. H 型（M485：2）

3. J 型（M522：5）

4. L 型（M498：1）

屈家岭文化陶杯

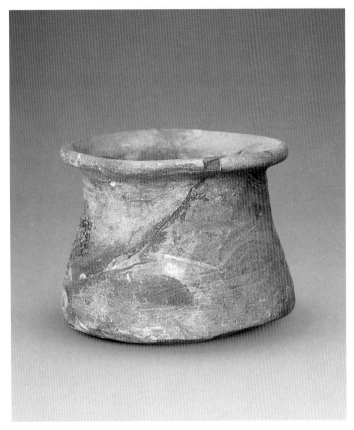

1. M 型 II 式杯 (M384:3)

2. M 型 III 式杯 (M338:4)

3. A 型 I 式盂 (M583:6)

4. A 型 II 式盂 (M425:84)

1. B 型 II 式盂（M474：17）

2. A 型 II 式甑（M624：2）

3. A 型 III 式甑（M491：4）

4. C 型 II 式甑（M301：4）

屈家岭文化陶盂、甑

1. D 型 I 式甑（M633：10）

2. E 型甑（M545：5）

3. B 型釜（M441：1）

4. C 型 I 式釜（M226：1）

屈家岭文化陶甑、釜

1. C 型 Ⅱ 式釜 (M326:1)

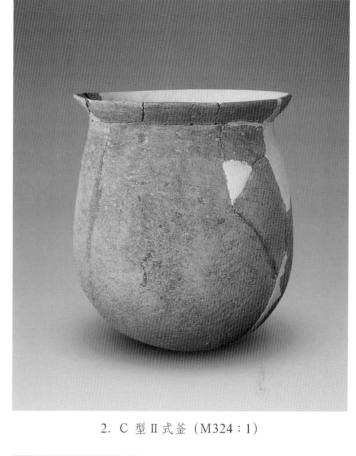

2. C 型 Ⅱ 式釜 (M324:1)

3. C 型 Ⅱ 式釜 (M285:1)

4. A 型 Ⅰ 式瓮 (M563:1)

屈家岭文化陶釜、瓮

1. B 型 I 式 (M596：1)

2. B 型 II 式 (M140：1)

3. B 型 III 式 (M331：2)

4. B 型 III 式 (M364：1)

屈家岭文化陶瓮

1. C 型 I 式瓮（M503：1）

2. A 型 I 式缸（M382：1）

3. B 型 I 式缸（M105：1）

4. B 型 III 式缸（M546：1）

屈家岭文化陶瓮、缸

1. C 型（M106∶2）

2. C 型（M415∶2）

3. D 型 I 式（M240∶3）

4. D 型 Ⅲ 式（M506∶1）

屈家岭文化陶缸

1. E 型（M284：1）

2. F 型（M378：1）

屈家岭文化陶缸

1. H 型缸（M296∶1）

2. D 型Ⅳ式器盖（M144∶6）

3. E 型器盖（M624∶1）

4. F 型Ⅳ式器盖（M622∶7）

屈家岭文化陶缸、器盖

1. F 型 V 式（M542：7）

2. H 型 I 式（M478：8）

3. H 型 II 式（M302：8）

4. J 型（M400：1）

1. K 型 II 式器盖（M134：1）

2. A 型纺轮（M395：7）

3. B 型 II 式纺轮（M622：10）

4. C 型纺轮（M464：7）

1. A 型 I 式石斧 (M190：1)

2. A 型 II 式石斧 (H412：1)

3. A 型 III 式石斧 (T1127 ③ C：4)

4. B 型锛 (T3172 ④：1)

屈家岭文化石斧、锛

1. A 型凿（T7004 ⑤：3）

2. C 型凿（M600：22）

3. C 型凿（T3079 ④ A：3）

4. 打磨石（T5210 ③：1）

屈家岭文化石凿、打磨石

1. 钺（M394：5）

2. 钺（M462：8）

3. A 型砺石（F86：5）

4. 哨（F60：1）

屈家岭文化石钺、哨，砺石

1. 环（M591：1）

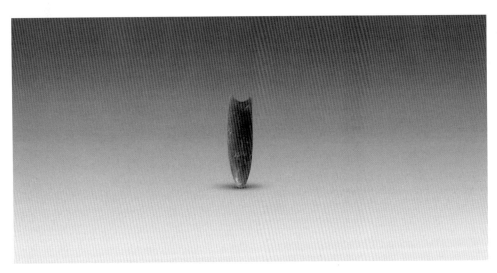

2. 坠（T5313 ⑥ A：2）

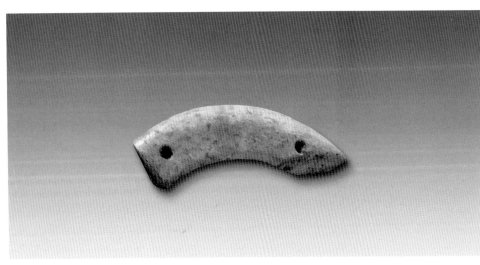

3. 璜（T1130 ⑤：1）

屈家岭文化玉环、坠、璜

1. A 型 I 式高领罐（H478∶1）

2. A 型 II 式高领罐（H124②∶1）

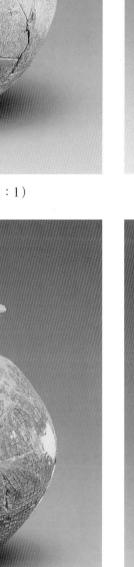

3. B 型 I 式高领罐（H478∶2）

4. A 型圜底罐（H122∶1）

石家河文化陶高领罐、圜底罐

1. B 型圜底罐（H122：2）

2. C 型圜底罐（T7403 ② B：3）

3. 双錾罐（T3025 ③：1）

4. 小罐（T3011 ③：1）

石家河文化陶圜底罐、双錾罐、小罐

1. 小罐（H394∶1）

2. B 型 I 式盆（G31∶1）

3. B 型 II 式盆（T5361 ③ B∶1）

4. B 型钵（T5208 ③ B∶1）

石家河文化陶小罐、盆、钵

1. C 型 I 式（T5310④A∶1）

2. C 型 II 式（H452∶1）

3. D 型 II 式（T3011④A∶1）

石家河文化陶钵

1. D 型Ⅲ式 (G69:1)

2. E 型Ⅰ式 (H122:4)

3. E 型Ⅰ式 (H122:4)(俯视)

石家河文化陶钵

1. D 型 IV 式 (T5261 ③ B∶1)

2. E 型 II 式 (T1177 ②∶1)

3. E 型 II 式 (T7451 ⑤∶1)

石家河文化陶钵

1. F 型 I 式 (H109：2)

2. F 型 II 式 (T1351 ④：1)

3. G 型 (H485：1)

石家河文化陶钵

1. A 型 I 式擂钵（H150：2）

2. B 型擂钵（T1127②：1）

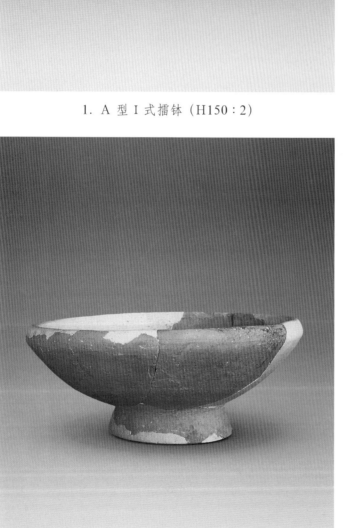

3. C 型碗（T5260④A：1）

石家河文化陶擂钵、碗

1. D 型碗（T5005 ④∶1）

2. A 型 I 式豆（H113∶1）

3. D 型豆（T3022 ③∶1）

石家河文化陶碗、豆

1. B 型 II 式 (T5212 ⑤ A : 1)

2. C 型 I 式 (T1625 ④ C : 1)

3. D 型 (H394 : 2)

石家河文化陶盘

1. D 型盘（T1402 ⑥ : 4）

2. A 型 I 式鼎（M214 : 1）

3. A 型釜（M874 : 1）

石家河文化陶盘、鼎、釜

1. A 型（T5362 ④ A：5）

2. B 型（M792：1）

3. C 型（T5159 ③ B：1）

石家河文化陶釜

1. B 型高圈足杯（T3009 ⑤：3）

2. C 型高圈足杯（G31：2）

3. B 型甑（T5264 ④ A：2）

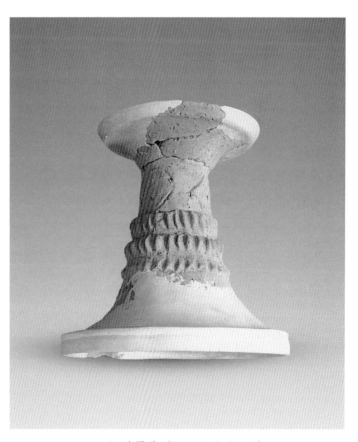

4. I 型器盖（T5006 ④ D：3）

石家河文化陶高圈足杯、甑、器盖

1. H 型陶纺轮（M122：4）

2. B 型石斧（T5213④B：1）

3. 石铲（T1625④D：1）

石家河文化陶纺轮，石斧、铲

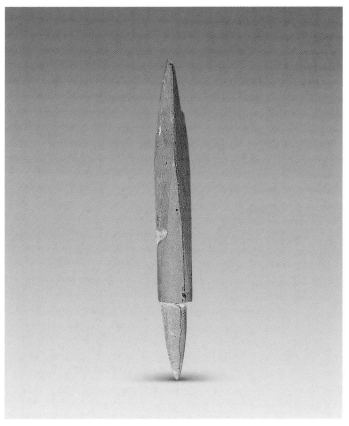

1．B型镞（T3173③：2）

2．A型凿（T3173③：3）

3．B型凿（T3272③：1）

4．B型刀（T3322③：3）

石家河文化石镞、凿、刀